ROSMARIE
PERKMANN

DIE WOLKEN BLEIBEN

Gedichte

novum pro

Bibliografische Information
der Deutschen Nationalbibliothek:

Die Deutsche Nationalbibliothek
verzeichnet diese Publikation in
der Deutschen Nationalbibliografie.
Detaillierte bibliografische Daten
sind im Internet über
http://www.d-nb.de abrufbar.

Alle Rechte der Verbreitung,
auch durch Film, Funk und Fernsehen,
fotomechanische Wiedergabe,
Tonträger, elektronische Datenträger
und auszugsweisen Nachdruck,
sind vorbehalten.

Gedruckt in der Europäischen Union
auf umweltfreundlichem, chlor- und
säurefrei gebleichtem Papier.

© 2025 novum publishing gmbh
Rathausgasse 73, A-7311 Neckenmarkt
office@novumverlag.com

ISBN 978-3-7116-0505-4
Lektorat: Mag. Angelika Mählich
Umschlagabbildung: Rosmarie Perkmann
Umschlaggestaltung, Layout & Satz:
novum Verlag

www.novumverlag.com

Inhaltsverzeichnis

Blumen im Winter 7
Schnee 8
Katze 10
Orakel 11
Annehmen 12
Glück 13
Für dich 15
Hier und dort 16
Elegie mit Kater 17
Für S. 19
Nachrichten 20
Wolken 21
Entrinnen 22
Perpetuum mobile 23
So lange 24
Guter Rat 25
Spiel 26
Esoterik 27
Im Traum 30
Antwort auf eine Bildnachricht 31
Überraschende Wendung 32
Liebesgedicht 33
Buntes Schaf 34
Selbstzweifel 35
Heimat 36
Weisung für den Tag 37
Sich selbst sein 38
Weisung für dein Leben 39
Neue Zeit 40
Frühling 41
Passionsfrucht 42
Glas 43
Hoher Besuch 45

In den Gassen 46
Unendlichkeit 48
Du 49
Im Bus 50
Bodensee 51
Wochentage 52
Omen 53
Zum Einschlafen 54
Im Wald 55
So ist das Leben eben 56
Kätzchen 57
Im Spiegel 58
Für J. 59
Heimatlied 60
Der Guru 61
Persönlichkeit 62
Beschwörung 63
Nicht der Letzte 65
Musik 66

Blumen im Winter

Wie Blumen im Winter
sind meine Haare
in deinem abwesenden Blick,

die Sterne rotieren
wie fehlgeschlagen und wie
verloren ohne Zahl,

die Träume vom Anderssein geraten abgeschmackt in deine Welt,
die karge,

und bringen Geschenke des wortlosen Undanks
wie Mehlstaub
von dir.

Blumen im Winter
sind meine Haare und
Gedanken an den Abschied.

02.02.2018

Schnee

Schnee bedeckt die Narben
und den lauernden Tod.
Glitzert wieder Wärme auf,
ertrinkt das Land an den Wasserströmen,
den aufkeimenden.

Wie die Ströme zu Babel fließen sie,
eilen dahin mit der Nachricht in ihrem Gefährt
vom Kommenden,
vom trüben Frühling,
dem unsteten.

Komm, Nacht,
erinnere einen jeden an das Lager,
das unter Tränen gehäuft worden ist
und niemals Frieden spendet,
erinnere an den Schnee.

Dein Name
zergeht
wie Schmetterlingsflügel,
die dahinwelken
im raunenden Wind.

Dein Haar
fällt
über deine Gedanken,
die sanften blaßblauen,
trägt sie durch Eis und Schnee.

Deine Hände
ringen
um den Segen,
den Ablass bringenden,
für deine verlorene Seele.

19.02.2018

Katze

Katzentatzen
sanfte Pratzen,
selten ein verletzender Hieb.

Katzennase
hinter der Vase.
Du kleiner Scherbendieb!

Katzengemaunze
sanftes Geraunze.
Wie, Futter wäre dir nun lieb?

Orakel

Die Welt ist
ein rundes Theater.
Nichts bleibt.

Der Zufall überlässt
seine Rolle
dem Spiel,

Lichter werden
angeknipst,
um
zeitnah
wieder zu vergehen.

Annehmen

Im Nebel
vom Durchblick
in
eine andere Dimension
getrennt.

Im Regen
vom Glauben daran,
dass bald ein Reh
kommen wird,
befreit.

In der Sonne
Gott
einen guten
Menschen
sein lassen.

23.02.18

Glück

Berauschendes Glück
fällt über die Steine
bringt
Ehrfurcht
vor dem Leben
lebt
wie das Streunen des Windes
zaubert
Strahlen der Sanftmut
auf mein Gesicht.

26.02.2018

Wenn ich ein Tropfen wär,
ich fiele ins Ungewisse,
spürte meine Höhenangst
und den dumpfen Aufschlag
nach dem Fall.

Wenn ich ein Blatt wär,
ich söge das Wissen der Bäume in mich,
lebte unbeschwert den Naturgewalten ausgesetzt
und dem Zauber des Fallens
vor dem endgültigen Vergessen.

Wenn ich ein Ozean wär,
ich schwebte sorglos durch meine Täler,
ganz dem Unendlichen ausgeliefert
dem kreisenden und wogenden,
das ich selber bin.

26.02.2018

Für dich

Die Freude
hüpft
auf wackeligen Beinen
durch
die Welt.

Dieses Mal
werde ich
sie
einladen
auf eine Taxifahrt.

Oder doch
besser
auf einen
gemütlichen Abend
bei dir.

Hier und dort

Andernorts ist
blankes Missverständnis
leeres Beistandsgefasel
sperriges Mitgefühl.

Dieserorts sind
Stimmen zu schmecken,
Düfte zu ergreifen
Wohltaten zu riechen
Berührungen zu verschenken.

Diese und der Andere
suchen wahllos,
bleiben unbegriffen,
teilen erzwungenerweise
und haften jeder nur an sich selber fest.

Elegie mit Kater

Garfield beklagt sein karges Mahl:
„Heute wieder nur ‚Stuba' zu fressen?!"
Andernorts hungern Kinder ohne Zahl
mein Kater muss Spezialfutter essen –
gegen das Gekotze.

Aber Garfield gesundet, sein Fell ist schön.
Afrikas Kinder haben Augen voller Fliegen,
Mein Kater wird bald auf Mäusejagd gehn,
die Kleinen werden bald am Boden liegen –
mit leeren Mägen.

Mäuse würden diese Kinder wohl essen,
Wer weiß, sie würden's wohl tun?!
Nein Kater, ich hab dich nicht vergessen.
Aber die Kleinen dort, die werden bald ruhn
in seinem Schoß.

Worte duften,
schmiegen sich
an
wie ein Kleid
tragen blumiges
leichtschweres
Allerlei
durch die
schwingungsarme Zeit,
lassen
Töne verblassen,
nichtsahnend
bewegen sie sich
metaphorisch
durch den artenreichen Zauberwald.

01.03.2018

Für S.

Er sülzt vor sich hin, der Geweihte,
der süßholzraspelnde Mehlsack,
reißt dich und haufenweise
mehr oder weniger jungfräuliche Damen und Herren
mit ins Fegefeuer seines hochwürdigen Begehrens.

Und du, du kriechst danach zurück,
du Lilienverwöhnte,
zu deinem abdriftenden Mann
und leugnest das Mehl,
das verbotene Süße wie Pech an deine Hände klebt.

Der Hochzeitskorb bleibt
hier wie dort stets voller Asche
und ohne jede Hoffnung
auf ein Erblühen
in aufrichtiger Zweisamkeit.

Nachrichten

Wie bewusstlos
den Krieg heranrollen lassen
an die eigne Haustür,
danach
zurückkehren zum Spätabendprogramm.

Das blutleere Land
hängt seine Lumpen
über den Felsen zum Trocknen aus.
Es hat seine
Beine unter den Arm genommen
und ist Richtung
Klagemauer
geflüchtet.

Mein Glas ist bald leer
und wieder
nur Belangloses
auf
den anderen Kanälen.

09.03.2024

Wolken

Den Wolken
ist es egal
was wir treiben.
Sie bleiben.

Sie laden
an seidenem Faden
nur Königskinder
in ihre offenen Münder, um einzutreten
und ein Vaterunser zu beten
in ihrer Welt,
groß wie ein Feld,
groß wie ein Land,
oder wie eine Hand
oder ein kleiner Finger
von dir.

09.03.2024

Entrinnen

Leben und Tod begrüßen das je Ihrige.
Weit ist der Weg aus der Dunkelheit
in die Zeit.
Verloren scheint nur
was lebt.
Alles Geerdete beginnt zu fließen
um der Nacht
zu entkommen
im Tod.

04.02.2024

Perpetuum mobile

Gleichzeitigkeit der Gedanken
ist schier unerlässlich
um auf dem Weg
der tausend Blüten
den einen Baum zu finden,
der Wurzeln gibt
um abzuheben
aus der Mittelmäßigkeit der
Gleichzeitigkeit der Gedanken ...

04.02.2024

So lange

So lange es
Wolken im Meer gibt
und
Schiffe über der Erde,
Farnwedel in den Bibliotheken
und
Krisam im Zeitraffer der Sanduhren Gottes,

so lange ist
die Sinnlosigkeit
ein
unerlässliches
Maß
für die Traurigkeit,

die tagsüber deine Flügel
und
des nachts deinen guten Willen
bricht.

Guter Rat

Bewahre dein Sein
dir hold und rein
und suche
dein Glück in einem Buche
geschrieben von der Unendlichkeit.

Die kleinen Leut,
die das Ihre tun,
und niemals ruhn,
um Hals über Kopf
in dir armem Tropf
Mittelmäßigkeit zu verbreiten,
meide bei Zeiten!

Spiel

Mitunter
ist das beste
Spiel
nur ein kleiner Trost
für den Ernst
des Lebens
und dessen
verschwenderische Möglichkeiten
das verletzte Selbst
an den Nagel
zu hängen,
um endlich
aufbrecherisch denkend
das Weite zu suchen
in den Fängen
einer größeren
Verletzlichkeit,
die jubelnd
neue Regeln bricht.

Esoterik

Göttlich sein,
wer will das nicht,
einzig sein,
so wie das Licht?

Doch gibt es wirklich nur
den Einen,
der alles schuf,
um zu beweinen

das Licht
in allen Schatten,
in allen Hängen
und Rabatten?
In seinen Erträgen und Verlusten,
seinem allzeit Unbewussten?

Sind's gar viele,
die da dürsten
Eins zu sein?

Ich weiß es, ich allein.

Raum und Zeit fliegt
an mir vorbei
die Unendlichkeit biegt
um die letzte Kurve, bevor die Nacht
den neuen Untergang anlacht.

Es ist nicht die Sonne
die draußen mit meinen Enkeln spielt
voller Wonne.
Es ist der Krieg,
der Niemands-Sieg.

Und der Gevatter tanzt im Wald
an anderer Stelle,
ungebrochen und niemals alt,
mit kindlichen Gebärden
rund um die Todeswelle.

Zeit und Raum fliegt
an mir vorbei
und auch dich biegt
deine Unentschlossenheit
wie ein Säuseln
der Unendlichkeit.

16.02.2024

Ach herrje, es ist so duster!
Gestern noch haben wir drüber gelacht.
Heute ists ein Aufgepluster
und ein Zittern wie zur Nacht.

Dumpf und verworren ist es draußen,
drinnen herrscht Gleichgültigkeit.
So viel besser wär's im Außen,
wärs herinnen warm und weit.

Keiner hat mein Herz gefragt,
ob es leiden will und hadern
mit dem Schicksal, das es plagt

und niemand da, der Reime findet
über Blumen blühende und rote.
Wohin ich schau nur Tote.

11.03.2024

Im Traum

Wolkenverhangen ist
der Raum,
bald wird es auf die karge Einrichtung regnen.
Mittsommerlich,
wie im Traum,
werden dann Blümchen den Fußboden segnen.

Derweilen
kratze ich den Staub von den Wänden
und mache daraus
Ungeziefer mit meinen Händen,
unerwünschtes an allen Enden.
Wie die Wolken
in meinem Raum.
Im Traum.

Antwort auf eine Bildnachricht

Grünchen, Liebchen, lass dich drücken,
säumst den Weg mir voll Entzücken,
Botin und duftendes Kraut in einem.
Welche Freude ist dein Keimen!

Duft und Farbe schmelzen zu Klang,
drücken das Ohr an die Zunge.
Voller Frühling der ganze Hang!
Es erdreistet sich zum Atmen die Lunge.

Liebchen, Grünchen, was ist wohl dein Traum?
Vielleicht ein schattenspendender Baum
ganz in der Nähe?
Wenn ich ihn sähe,
ich sagt es dir wohl.
Derweil Grüße aus Tirol!

Überraschende Wendung

Süßes Früchtchen,
kommst gelegen.
Bin verwegen
auf Abenteuer aus.

Keckes Düftchen!
Hinterlässt ein Lüftchen
ohnegleichen
schwer zu erreichen.

Ach, wie schade,
bald bist du
Marmelade!

Liebesgedicht

Streusalz im Meer
es möchte sehr
ohne Schmerzen
und von Herzen
geliebt sein
von dir ganz allein
der australische Koalabär.

Buntes Schaf

blass
scheu
störend
Klotz am Hals
Fessel am Bein
meist allein
niemals am rechten Ort
wenn auch
immer zur rechten Zeit
über die Täler weit
gegangen
nicht getragen
nur befangen
und oft am Verzagen,
schutzsuchend und
verloren
in der schwarzweißen Herde.

Selbstzweifel

Den Reim zu finden in der Eile
sei mitunter eine Gabe,
die ein jeder Tölpel habe.
So sagt manch einer. Aber eine Zeile
weiter ist es ganz
von anderem Glanz
aus anderem Holz
da verlässt manchen der Mut,
es vergilbt dessen Stolz.
Es reimt wohl doch nicht jeder gut
galant und auf der Stelle
auch vom Inhalt oft nur auf die schnelle
Art gemacht, gar nicht auf den Punkt gebracht.

Besorgt füge auch ich mich in die Reihe der Reimenden ein.
Kann ich wohl eine rechte Dichterin sein?

Heimat

Land der Berge, Land der Täler,
Land der Flüsse und der Seen,
Land der vielen Kultdenkmäler,
kleines Land, bist du wirklich so schön?

Land der Sehnsucht, Land der Wonne,
Land so sehr beglückt von Sonne,
Land im Gebirge, glücklich könnte man hier sein,
mit deinem Reichtum, deinem preisgekrönten Wein,
deinen edlen Kastanien, deinen schönen Orten ...
Verarmtes Land, mit deinen leeren Worten!

Land der Wiesen und der Hänge,
Land voll Oberflächlichkeit,
Land voll scheinheiliger Zwänge,
altes Land, dein Stolz ist zu weit
gefasst und ohne Verstand.
Nein, glücklich lebt es sich nicht immer in diesem Land!

Gezähmtes Land, vermauert und verteert,
verleugnet, verkauft und ausgezehrt.
Du armes Land voll fremdem Hass,
deine Freundlichkeit ist nur ein Spaß-
faktor wie vieles andere ...
Vergib mir, ich wandere
ein Stück weiter.
Du nimmst mir den Blick auf die Himmelsleiter!

Weisung für den Tag

Wetze deinen Schnabel
für das ewiggleiche Einerlei
bevor du das Haus verlässt!
Du wirst kaum überleben
alles geben
dennoch scheitern
deinen Ruf erweitern,
den verwaisten,
ihn in deinem Schnabel wiederfinden
wenn du des Nachts traumverloren
und wie ungeboren
zwischen deinen Kissen
Ruhe suchst
von dem billigen Rausch
den der zweischneidige Tag
dir
abverlangt hat.

Sich selbst sein

Mitunter ist es besser
ein klein wenig
das zu sein,
was man ist.
Klein
fein
wertvoll
beliebig
ohne Grund
ohne Boden
ohne Wurzeln.
Ein Tropfen im Feuer,
ein Gesang
in der Sinnlosigkeit.
Tagsüber ein Held,
des Nachts ein erbärmliches Zähneklapper.

Weisung für dein Leben

Schlag doch,
zeig die Zähne
dem Ungeheuer,
das wütend an deine Türe klopft.

Frag doch,
mach die Pläne
der Einsamkeit,
die der Trauer den Kragen stopft.

Geh doch
ins Land deiner Träume,
pflanz` Bäume
die blühen und Frieden bringen
unter denen noch deine Lieben singen
wenn du schon lange nicht mehr bist.

Neue Zeit

Mit offenen Armen wiegt
sie
den, der ehemals betrügt,
ihn
und seiner Kinder Scharen.
Mit wild wehenden Haaren
geht
sie durch Berg und Tal.
Dich
stellt sie vor die Wahl:

Willst du leicht leben,
Frieden weben
und beherzt und gut
und voller Übermut
das Lied der Zuversicht anstimmen?
Oder willst du dich weiter suhlen
in den alten Kuhlen
voller Mist
der nie der deine gewesen ist
sondern nur in deinen Träumen
die deine ewig gleichen Tage säumen?

Die Wände
glauben nur furchtsam die Mär.
Das Gute – es schreckt schon sehr!

Frühling

Knospen allenthalben,
Frühling rundherum,
draußen zwitschern die Schwalben,
Käfer mit Gebrumm.

Draußen ist das Laue,
draußen ist es schön,
draußen ein Aufgetaue,
nach draußen sollte man gehn.

Drinnen ein arges Gedränge,
drinnen eine graue Flut,
drinnen verstimmte Gesänge,
drinnen verlässt mich der Mut.

Draußen würd ich es wagen,
draußen da wär mir der Sinn,
drinnen ein Klagen und Zagen.
Drinnen ist so klein wie ich bin.

Drinnen mit draußen vergolden,
den Frühling ins Leben ziehn,
dem Trauerspiel, dem holden,
für kurze Zeit entfliehn.

Knospen allenthalben,
Frühling rundherum,
draußen zwitschern die Schwalben,
Käfer mit viel Gebrumm.

Passionsfrucht

Watschelnd zur Erde wie ein Schwan,
ohne Wasser liegt der Kahn,
sattgesungen am Blut der Tränen
hat sie kein Mitgefühl zu wähnen.

Kopfüber in dem Mittendrin
in dem nicht einmal ich gerne bin,
leistet sie zarten Widerstand,
niemand reicht ihr auch nur die Hand.

Wie ein Schwan ohne Wasser, ohne Glut,
wie ein Kahn ohne Tiede, ohne Blut,
so bleibt die Passionsfrucht unerkannt
und ist längst verdorrt im eigenen Land.

Glas

Getrübtes Glas
Regentropfen
Diamantsplitter
in der Sonne,
der grauen.

Getrübtes Glas
staubüberzogen
mörteltief
in Mondlicht
begraben.

Getrübtes Glas
blind und
Spinnweben bedeckt
über deinem Sarg
dem roten.

Mittendrin
aus mir heraus
ummantelt von Nacht
hab ich an dich gedacht.

Schwer
fällt der Stein
den du hinterlassen hast
auf meine Erde
und weiter in mich hinein
und fällt
und fällt
schwerelos
wie Honig und Milch
zurück auf mich.
Wie sehr liebte ich dich!

Dein Andenken bleibt
und schreibt
Erinnerungen voller Kraft
damit das Grauen
keinen nächsten Morgen schafft
und damit die Linie
die uns bindet
keinen von uns je wieder findet.

31.05.2024

Hoher Besuch

Tanzen müsste man und singen
die frohe Kunde bringen
die löbliche und holde
prall und voll wie eine Dolde.

Hätscheln müsste man und liebkosen
verwöhnen und pflegen wie einen Strauch Rosen
das unerwartet
ausgeartete
Herz.

Doch es ist die Zeit, die Stunde
in der die klaffende todbringende Wunde
wird wie Sand im Getriebe
und ich wünschte, er bliebe
für immer fort
von meinem Ort.

In den Gassen

Da gehst du dereinst hinfort durch Gassen
die dich sehr befremdet lassen
die dich bedrücken und betrüben
genau wie sie es tun, die Leute hüben.

Da wünschest du, sie wären du,
sie erführen dein Leid und du hättest Ruh`!
Sie alle, die so tun als was weiß Gott,
dabei kennen sie nur Spott!
Sie kennen nur Hohn für deine Lage
und fördern das Grausligste zu Tage,
das es von dir zu sagen gibt:
„Es gibt keinen, der dich liebt!"

Es wird dein Wunsch dereinst gehört
und deren Ruhe wird gestört.
Deren Menschenhass und deren Plage
für dich und dein Wesen treten zu Tage,
werden aufgeschrieben im goldenen Buch
und besiegelt mit dem schwärzesten Fluch.

Und du gehst wieder durch die Gassen
vorbei an allen, die dich allein gelassen.
Siehst, wie jetzt sie mit den Zähnen knirschen,
sich kleiden mit Lumpen ganz unwirschen,
wie nun sie all deine ehemaligen Leiden plagen,
wie sie dürsten, hungern und verzagen,
jammern, schreien und fast verrotten
durch immer Andere die sie spotten.

Da kommst du in eine Gasse, die ist leuchtend hell,
fast wie ein Spiegelkarussell.
Du drehst dich, dir schaudert, denn dir wird klar,
alles, was sich hier zeigt, ist wahr:
du selbst bist die Gasse, du selbst bist die Andern,
du bist der Weg, über den sie wandern.
Du bist der Spott, der Liebesentzug,
der Undank, der Hass, der Selbstbetrug.
Du selbst bist der Tod und wusstest es nicht!
Du suchst einen Wunsch? Dann wünsch dir das Licht!

Unendlichkeit

Wurmlochgroß
ist die Unendlichkeit.
Sie passt gefühlt
in ein Daunenkleid,
gefasst in den Tand
der nächsten Generation.
Die aber hält noch recht wenig davon.

So wie Gottes längster Arm
hält die Unendlichkeit dich warm.
So wie Gottes Gerechtigkeit,
die nur bis zu dir selber reicht,
tropft sie dem Herrn aus den Fingern den alten,
die das Vakuum deiner Gedankenschleifen halten.

Leer ist die Unendlichkeit und sehr belastbar,
fast wie ein Kind und genau so unantastbar,
dunkel ist sie
und stets bewusst,
dass dein Eilen von Verlust zu Verlust
nur Gutes bringt, bleibt das Nichts dein Ziel.
Die Unendlichkeit ist dessen Würfelspiel.

Du

Trampelpfade zu Mülleimern
bergen die Größe deiner Sehnsucht.
Verlorene Fetzen eines Plastikherzens
gurgeln in der Lake eines Walfischmagens.

17.04.2024

Im Bus

Die Luft hält den Atem an im Bus.
Die phosphoresszierenden Gerüche treiben
rezitierend durch den Mittelgang.
Im Tumult der Hoffnungen schreiben
sie noch einen letzten Abgesang
auf die Wogen der letzten Nacht
die duftend vielversprechend und sacht,
ihren Anfang genommen haben in einem Bus.

Ausweglos verschleiert sich im Bus
lückenlos gefeilte Weiblichkeit
zu einem brachliegenden einladenden Sumpf,
der sich spätestens mit Sinnlosigkeit
in den Dunstwolken perfide und ganz stumpf
mit männlichen Attitüden umranken
und auffrischen lässt in Gedanken.
Der Rest ist Verdruss
im Bus.

Bodensee

Jetzt im April fällt noch Schnee in St. Gallen.
Der Bodensee beginnt langsam zu wallen
und auf einen Sommer im Grünen zu hoffen.
Es bleibt vieles offen.

Das Wetter lässt sich vom Fleiß nicht beirren,
es zieht seine Kreise und schafft manche Wirren.
Grün wird der Sommer wohl werden fürwahr!
Was bringt wohl sonst noch dieses neue Jahr?

Ein laues Lüftchen schickt der April.
Nicht nur hier am Bodensee
machts der Monat, wie er will.

Dann fällt von Neuem mancher Schnee
auf Matten und frühlingsbrache Fluren.
Weißt du noch, was wir uns schwuren?

Wochentage

Am Samstag habe ich an dich gedacht,
am Sonntag mir dir zusammen gelacht,
am Montag warst du mir sehr nah,
am Dienstag gingst du fort und ich blieb da.
Von Mittwoch bis Freitag habe ich geweint,
du hättest das alles nicht so gemeint.
Es wäre alles ganz anders gewesen.
Ich müsste halt endlich zwischen den Zeilen lesen!

Diesen Samstag versuche ich es beflissen,
nur lassen die Zeilen Zwischenräume vermissen.

Es kommt der Sonntag und mir wird bang,
das Zwischenzeilenlesen dauert zu lang,
es ist zu mühsam, zu leer und zu schal.
Es stimmt, ich bin nicht deine erste Wahl!

Omen

Sonnenhutgeflüster
treibt
Blüten umher
trauerschwer
und ungelenk.

Ein Wetterfrosch
hellt
ganz unverstellt
die unwirkliche
Szene auf.

In den Wipfeln
der Platanen
klebt
der Geruch
der Vorbeieilenden,
die es ahnen.

Zum Einschlafen

Die Wurzeln hängen in den Kinderschuhen fest,
sie finden im Sommer kein wasserspendendes Nest
für Gedanken an Zugehörigkeit.
Das Land bleibt unbestellt und weit
und unfassbar karg und kahl und dumpf ...
Die Heimat ist ein ewiger Sumpf.

Der Kopf hängt herunter von meinem Ast.
Zu schwer geworden ist die große Last
der Vergangenheit der guten alten,
die ihre Kinder in Unwissenheit gehalten
und der jugendlichen Aufopferungslust
alle Freude abgerungen hat bis zum Frust.

Die Seele treibt mild und sehnsuchtsvoll davon.
Die Heimat ist wie ein Luftballon,
auch sie treibt umher und findet keinen Platz.
Genau wie du, mein kleiner Schatz!

Im Wald

Die ersten Schritte
in deine Richtung
riechen
nach Verheißung und Zauber.
Wie ein Zwinkern der Gottheit
fällt
Sonnenlicht
durch dein Dach
auf meinen Körper.
Der Wind
entlockt
den weiten Armen
der Blätterriesen
ein stimmungsvolles Konzert.
Wer wäre
glücklicher
als hier
im Kreise der Vertrauten?

So ist das Leben eben

Voller Leben, ungewolltem,
mitten in der Aufmerksamkeit,
der mir gezollten,
wird der Himmel weit.

Voller Zwietracht, unbescholten,
zwischen Brüdern hats gegolten
in der ewig gestrigen Vergangenheit …
Heute herrscht im Himmel Streit.

Voller Mühsal, streng genommen
und an jedem meiner Tage,
bleibt der Atem stets benommen.
Der Himmel ziert sich vage.

Wie das Leben so spielt,
das Wozu und Warum,
habe ich allzu oft gefühlt,
doch der Himmel bleibt stumm.

Kätzchen

Kleines Mäuschen lass dich drücken.
Das kleine Näschen, ein Entzücken,
die tapsigen Pfoten riechen nach Erde und Moos.
Du kleines Liebchen, was tat ich bloß
Ohne dich?

Im Spiegel

Bleib doch,
Glück,
lass dich endlich fassen!
Mich hungert nach dir,
so früh hast du mich verlassen.
All die Jahre war ich ohne dich
und schau ich in den Spiegel,
ich sehe nur mich.

Komm doch,
Glück,
lass endlich das Geziere!
Ich sehne mich nach dir.
Vor Jahren entwichst du meiner Türe.
All die Stunden, die ich um dich geweint ...
Ich schau in den Spiegel
und weiß, was er meint.

Geh doch,
Glück,
lass mich nur allein!
Ich gebe dich auf,
lerne, ohne dich zu sein.
All die Wochen die mir noch bleiben
werde ich mir ohne dich vertreiben.
Ich weiß, wer wir waren, wer wir werden, wer wir sind.
Ein Blick in den Spiegel macht auf ewig blind.

Für J.

Du gehst und gehst und gehst dahin
und weißt nicht, dass ich stets bei dir bin
in meinen Gedanken.

Manchmal wirft uns der Zufall an Orte
wo wir uns begegnen ohne Worte.

Es ist dann ein Leuchten in deinem Sein,
ich höre dir zu und staune in mich hinein
wie der Zauber dich streichelt und berührt,
ohne dass du je meine Hand gespürt.
Es ist dann wie ein Bund zwischen dir und mir,
der weiter reicht als das Jetzt und das Hier.

Danach gehen wir beide wieder fort.
Es ist ihr Platz und ihr Ort
an deiner Seite.

Und du gehst und gehst noch leerer als zuvor
und auch ich bin ärmer als ein seelenloser Tor
und lebe von einem Zufall zum andern ...
Und meine Gedanken, die wandern
immer zu dir.

Heimatlied

Was für ein bezaubernder Fleck auf dieser Erde,
auf dem eine kindlich göttliche Gebärde
ihren Schatten hat liegen lassen.

Manchmal freilich wollen darunter die Töne verblassen
und undurchdringlich und furchtvoll sich dem Wind hingeben,
sich unter der Sonne brechen und dem Gestirn zu schweben.

Dann ists ein Wort aus dunklen Ecken,
das den Segen lostritt, um den Spuk zu erschrecken,
um das Gute, das Schöne heraufzubeschwören.

Heimat, deine Lieder möchte ich hören,
deinen Träumen nachhängen wie schlaffe Seile,
deine Plätze liebkosen und alle deine Teile
zusammendenken zu einem großen Versteck.

Was bist du doch für ein bezaubernder Fleck!

Der Guru

Fern von aller Welt
lässt es sich gut leben
mal eben
rausgehen ins Feld
und dann
in den eigenen vier Wänden
scheinbar asketisch enden.

Götterdämmerung vorprogrammiert,
ausnutzen aller längst durchexerziert.
Nur das Gegenüber nicht sehen
in seinem Leid
sich und sein Selbst aufblähen
die ganze Zeit
Mehr als jeder andere sein.

Zuletzt allein
weitermachen
und spöttisch über die anderen lachen.

24.05.2024

Persönlichkeit

Probeweise nehmen, probeweise geben,
zur Hälfte sterben, zur Hälfte leben.
Einseitig beschreiten,
dem Horizont entgleiten,
der eh' keinen interessiert.

Mit jedem gut Freund, auf du und du,
der Herrgott hält seinen Schwestern die Ohren zu.
Keine Kanten, keine Ecken,
unaufhörliches Speichellecken,
das jeden diffamiert.

Stets präsent, doch niemals in sich,
sich selbst entglitten, dafür alles wissend über dich.
Scheinheiligkeit und keine Kontur,
sich scheinbar selbst aufopfernde Frohnatur.
Ich nehme eine andere Spur!

Beschwörung

Wind aus dem Westen
dem Schokoladenland,
Wind bei den Festen,
die ein jeder gekannt.

Wind aus dem Norden,
dem blassblauen Gesellen,
Wind zum Überborden
in nicht enden wollenden Wellen.

Wind aus Ost Süd
so träge und grau.
Wind, du machst müd,
dein Temperament ist so lau!

Wind in den Bäumen,
ihren Blättern, ihren Zweigen,
Wind in den Träumen,
ihrem gespenstischen Reigen.

Wind in meinen Haaren,
den so früh ergrauten,
Wind in all den Jahren,
in denen Schwalben Nester bauten.

Wind in den Lüften,
zum Zerreißen gespannt,
Wind in Wolkendüften,
und an einer verhungernden Hand.

Wind, mein lieber Freund, pathetisch und bunt,
du großer Gaukler, du Schmeichler, du wilder Hund!
Du Sanfter, du Träumer,
du Weltenaufräumer!

Komm unter Nachbars schwere Plane,
durchjage Hochwürdens höchst heilige Soutane!
Zerstreue all die falschen Geschichten,
wirble in alle Ecken, die trüglichen und undichten!
Bring uns doch Wahrheit, bring uns das Licht,
lass uns zappeln und zaudere nicht,
alles zu brechen, das nicht dem Ewigen entspricht!

Nicht der Letzte

Stab dich doch, du Reim, du misslungener,
schlängle dich mäandernd noch viel verschlungener,
geiz nicht mit immer neuen Neologismen,
überschütte dich selbst mit Aphorismen!

Tritt heraus ins Licht, du nicht wollender Tor,
kriech endlich aus deinem Reimschema hervor!
Presse dich apokalyptisch aus der Hoffenden Schoß,
leg all deine Stilmittel ohne Plattitüden bloß!

Bleib Kunst in ihrem Anspruch zum Selbstzweckerfüllen!
Doch beharre auf dem dir eigenen poetischen Willen
und verschmelze mit dem Reigen der Düfte
der Sinneslust, die dich schwingt in die Lüfte
und in unfassliche Höhen und Tiefen.
Bleib dir treu, wenn sie auch zum Beischlaf dich riefen,
die Dirnen, die entweihten, sag ihnen „Nein"
und du wirst hier nicht der Letzte sein!

Musik

Ich zögere, es naht die Königin,
die Große,
die Sanfte,
die Reine,
die Meine.

Ich fürchte mich, sie anzusehen, die Fürstin,
die Geheimnisvolle,
die Sagenumwobene,
die Wunderbare,
die einzig Wahre.

Schön ist sie, erhaben und auf ewig,
aus einem Wort,
um jeden Ort,
mitten in der Zeit,
wie ein friedenbringender Duft oder ein weit schwingendes Kleid.

Und sie? Sie liebkost mich, wie
eine Gesendete,
eine Vollendete,
eine Große.
Sie, die edle Rose!

Die Autorin

Rosmarie Perkmann kam 1974 in Schlanders in Südtirol zur Welt und wuchs im Vinschgau auf. Derzeit widmet sich die Autorin dem Studium der Alten Musik in Bozen. Sie lebt mit ihren beiden Töchtern bei Meran.

Der Verlag

> *Wer aufhört besser zu werden, hat aufgehört gut zu sein!*

Basierend auf diesem Motto ist es dem novum Verlag ein Anliegen, neue Manuskripte aufzuspüren, zu veröffentlichen und deren Autoren langfristig zu fördern. Mittlerweile gilt der 1997 gegründete und mehrfach prämierte Verlag als Spezialist für Neuautoren in Deutschland, Österreich und der Schweiz.

Für jedes neue Manuskript wird innerhalb weniger Wochen eine kostenfreie, unverbindliche Lektorats-Prüfung erstellt.

Weitere Informationen zum Verlag und seinen Büchern finden Sie im Internet unter:

www.novumverlag.com